Bea Taboada

Die beste Oma der Welt

Illustrationen von Viv Campbell

JUMBO

Bea Taboada

lebt in der Nähe von Madrid. Auf ihrem Instagram-Kanal *taboada.bea* berichtet sie über das Schreiben und Elternsein. Ihre Kinderbücher behandeln relevante Themen für Klein und Groß. Eltern werden mit einem Schmunzeln an ihre eigene Kindheit erinnert. Gleichzeitig bietet Bea Taboada in ihren Geschichten einen Blick auf die Gegenwart und in die Zukunft der Kinder.

Viv Campbell

ist Art Director und freiberufliche Illustratorin in Valencia. Ihr Zeichenstil besticht durch eine Mischung aus Realismus und Fantasie. So werden Kinder und Erwachsene gleichermaßen von den klaren und zugleich verspielten Formen sowie den leuchtenden Farben angesprochen.

1. Auflage 2023
© 2023 JUMBO Neue Medien & Verlag GmbH,
Henriettenstraße 42 a, 20259 Hamburg | Alle Rechte vorbehalten
Originalausgabe: © 2021 Penguin Random House Grupo Editorial | Text: © 2021 Bea Taboada
Illustrationen: © 2021 Viv Campbell | Übersetzung aus dem Spanischen: Karin Will
Lektorat: Anna Katharina Feige | Grafische Bearbeitung: Silke Porsche
Druck: Livonia Print, Jūrkalnes iela 15/25, entrance 3 Rīga, LV-1046 Latvia/Lettland
ISBN 978-3-8337-4573-7
www.jumboverlag.de

Bea Taboada

Die beste Oma der Welt

Illustrationen von Viv Campbell

JUMBO

Meine Oma Luise und meine Omi Juliane sind die Allerbesten.
**Ich habe so ein Glück, dass ich eine Oma
und eine Omi habe!**
Ich habe sie beide sehr lieb.
Sie passen auf mich auf,
	verwöhnen mich und
		bringen mir tolle Sachen bei.

Omi Juliane und ich sind oft zusammen im Park.
Dort gehen wir dann immer lange spazieren.
Wir sammeln Tannenzapfen, und Omi
erzählt mir Geschichten von früher,
als sie noch jünger war.
Ihre Geschichten fangen nie mit

„Es war einmal ..." an.

Sondern mit:

„Damals, zu meiner Zeit ..."

Ich mag es, wenn Oma Luise mich
mit dem Auto von der Schule abholt.
Sogar, wenn sie das Mittagessen vergessen hat!
Sie hat mir versprochen, dass sie mir Auto-
fahren beibringt, wenn ich einmal groß bin.
Ihr allererstes Auto hieß Sechshunderter, und
sie sagt, dass sie nie ein besseres Auto gehabt hat.

Meine Omi ist die beste Köchin, die ich kenne, und das
Schönste ist, dass sie mir kochen und auch backen beibringt.
Einen Schokoladenkuchen bekomme ich schon fast alleine hin!
Sie zeigt mir auch, wie man Teigtaschen macht. Dabei drücke ich
die Ränder mit der Gabel ganz fest, damit sie gut zusammenhalten.
Von süßen Sachen hält Omi Juliane aber nicht so viel.
Sie sagt, dass einem die Zähne ausfallen, wenn man zu viel Zucker isst.

Meine Oma hilft mir immer bei den Hausaufgaben.
Sie hat schon als Kind **richtig dicke Bücher**
gelesen, die Lexikon heißen.
Bei ihrer Arbeit hatte Oma Luise früher noch
nicht mal einen Computer! Und die Telefone
waren an der Wand festgeschraubt!

Oma sprüht mir gern ein bisschen Parfüm in die Haare.
Und sie macht mir oft ganz tolle Zöpfe.
Sie sagt, dass es sehr wichtig ist, immer ein Taschen-
tuch dabei zu haben. Da ich keine Handtasche habe,
steckt Oma mir die Taschentücher in den Schulranzen.

Meine Oma bringt mir bei, wie man in hohen Schuhen läuft.
Wenn ich bei ihr übernachte, darf ich mir ganz viele
Schuhe und Kleider aus ihrem Kleiderschrank holen.
Sie erzählt mir jedes Mal, dass sie als junge Frau
als erste von ihren Freundinnen einen Bikini hatte.

Wenn ich Omi besuche, sitzen wir
oft lange in ihrem Nähzimmer.
**Meine Omi war schon immer
eine ganz tolle Schneiderin!**
Ich mag es, wenn sie an der Nähmaschine
sitzt und mit dem Pedal klackert.

Klack!

Klack!

Klack!

Wenn ich für Omi Juliane die Knöpfe sortiere,
darf ich dafür mit ihren Stoffresten spielen.

An den Wochenenden machen
Oma Luise und ich häufig Ausflüge.
Dann sehen wir uns Schaufenster an
oder wir besuchen Ausstellungen.
Oma fotografiert sehr gern und gemeinsam
halten wir nach **besonderen Perspektiven**
Ausschau.

Im Sommer fahre ich jedes Jahr zu Omi und Opi aufs Land.
Dort unternehmen wir dann alles Mögliche:
**Wir gehen in den Wald oder zum Fluss, ich spiele
auf dem Dorfplatz Fußball, ich fahre Fahrrad ...**
Außerdem pflücken wir wilden Spargel.
Manchmal ist es ganz schön schwer, den im Gestrüpp
zu finden. Aber Omi hat mir beigebracht, wie es geht.
Im Dorf braucht man übrigens keine eigene Uhr,
weil die Kirchturmuhr zu jeder vollen Stunde schlägt.

Oma Luise verreist sehr gern. Sie war schon in ganz vielen Städten und den unterschiedlichsten Ländern. Von ihren Reisen schickt sie mir immer eine Postkarte. Postkarten sind wie Briefe, nur mit einem Foto.

Es ist so schön, wenn ich den Briefkasten aufmache und eine Postkarte für mich darin finde!

Ich gehe immer gern mit Omi auf den Markt.
Jeder kennt sie dort und wir begrüßen alle,
fast so, als wären wir berühmt:
„Wie geht es Ihrem Rücken, Michael?"
„Danke, Juliane, schon viel besser!"
„Sie müssen gut auf sich aufpassen, wir sind
schließlich nicht mehr die Jüngsten. Eigentlich
brauchen Sie jemanden, der Ihnen hilft!"
„Sie haben ja schon eine fleißige Helferin.
Wie groß Ihre Enkelin geworden ist!"

Mit Oma Luise gehe ich auch einkaufen und zum Friseur.
„Oma, warum hast du so große Augen?"
„Sie sehen größer aus als sonst,
weil ich mich geschminkt habe."
„Oma, warum schminkst du dich?"

„Weil es mir gefällt!"

Manchmal ist **Omi Juliane**
ein bisschen wie **Oma Luise**.
Dann dreht sie das Radio auf, und wir
tanzen zusammen mit Opi im Flur.
Wir lackieren uns alle die Finger-
nägel und drehen unsere Haare
auf Lockenwickler.

Und manchmal ist **Oma Luise** ein bisschen wie **Omi Juliane**. Dann schauen wir uns alte Fotos an und naschen Schokolade. Manchmal erzählt mir Oma auch von früher, und sie erinnert sich an Opa Viktor. Opa und ich wären bestimmt die allerbesten Freunde gewesen, sagt Oma.

Ich weiß noch nicht, ob ich später mehr wie Omi
oder wie Oma sein werde.
Ich weiß nicht, ob ich dann Geschichten schreibe
oder Schals und Handschuhe stricke.
Vielleicht mache ich mir ja einen Dutt,
oder ich lasse die Haare offen.
Wer weiß, vielleicht werde ich
in einem Dorf wohnen
oder auch mitten in der Stadt.
Ich weiß noch nicht,
ob ich dann lieber ins Kino
oder spazieren gehe,
und welche Schuhe ich anziehe.
**Aber ich will so mutig sein wie meine Oma
und so entschlossen wie meine Omi.**
Ich will ganz viel Neues erleben
und aus dem Alten lernen.
Ich will meinen Enkelkindern
Sachen beibringen und mich
an früher erinnern.
Und ich will ihnen Küsschen geben,
mit oder ohne Lippenstift.

Ich glaube, ich werde später ein bisschen
wie Oma und ein bisschen wie Omi sein.
Dann bin ich eine **„Omami"**.

Die beste Omami auf der ganzen Welt!

41

Für Großmütter gibt es viele
verschiedene Namen: Omi, Oma,
Omama, Omilein, Nani, Nonna, Granny ...
Die Namen sind so unterschiedlich
wie die Omas selbst.
Jede hat ihre eigene Art, auf dich
aufzupassen, dich zu verwöhnen und
dir Sachen beizubringen.
Einen neuen Namen für eine Oma
kennst du ja schon: **Omami**.
Jetzt musst du deine Oma
oder deine Omas nur noch gut
kennenlernen, damit du weißt,
wie du sie nennen möchtest.

Omas können beste Freundinnen, Ersatz-
mamas oder Lieblingsheldinnen sein.
Sie sind ein ganz besonderer Teil unseres Lebens.